Sommaire

W0349720

*Les mots en orange dans l'histoire sont expliqués dans la partie **Lexique**.

Les personnages de l'histoire

Monsieur Otis

est un ministre américain, père de quatre enfants. C'est un homme moderne, il ne croit pas aux fantômes.

Madame Otis

Dans sa jeunesse, elle était connue pour sa beauté. Aujourd'hui, elle s'occupe de ses quatre enfants.

Washington

est l'aîné des enfants Otis, il est tout aussi rationnel que son père.

Les jumeaux

Ils sont dans une école anglaise renommée. Ils aiment beaucoup faire des farces.

Mademoiselle Virginia

Elle a quinze ans et aime faire des promenades à poney.

Sir Simon de Canterville

En 1575, il a tué sa femme, Lady Eleanore. Neuf ans plus tard, il a lui-même disparu dans des circonstances mystérieuses.

Madame Umney

est la gouvernante du manoir, où elle travaille depuis plus de cinquante ans.

Le jeune duc de Cheshire

est un membre de l'aristocratie anglaise. Il est très amoureux de Virginia.

Pour t'aider à bien comprendre le début de l'histoire...

COUP DE POUCE

Monsieur Otis, ministre américain, vient d'acheter un château en Angleterre. Son ancien propriétaire, le vieux lord Canterville, le prévient solennellement : le château est hanté. Ce n'est pas une superstition mais une certitude car le fantôme a été vu à plusieurs reprises et par différentes personnes. Cette révélation n'inquiète absolument pas monsieur Otis. Pour lui, les fantômes n'existent pas. Ils ne pourront donc pas l'empêcher de s'installer à Canterville Chase avec sa femme et ses quatre enfants.

Monsieur Otis, un ministre américain, s'installe en Angleterre avec sa famille. Il achète une grande maison appelée « Canterville Chase ».

Le précédent **propriétaire** l'avertit alors qu'un fantôme vit dans la maison, mais cette annonce ne semble pas déranger monsieur Otis.

Quelques semaines plus tard, monsieur et madame Otis arrivent à Canterville Chase avec leurs quatre enfants. C'est une belle soirée de juillet, mais alors qu'ils pénètrent dans l'allée, le ciel se couvre et la pluie commence à tomber.

Une vieille femme vêtue de noir les attend sur le pas de la porte. Il s'agit de madame Umney, la **gouvernante**. Celle-ci les accueille en leur souhaitant la bienvenue. Puis elle les invite à la suivre dans la bibliothèque pour venir prendre le thé.

Enchantée, toute la famille pénètre à l'intérieur du manoir.

Mais à peine installée, madame Otis remarque une étrange tache rouge sur le sol.

– Aurait-on renversé quelque chose à cet endroit ? demande-t-elle.

– Oui, madame, du sang a bel et bien été versé ici, répond madame Umney.

– Quelle horreur ! s'écrie madame Otis. Il faut l'essuyer immédiatement.

– C'est impossible, **réplique** la **gouvernante**.

Madame Umney raconte alors toute l’histoire à madame Otis.

– Quel monstre ! s’écrie madame Otis. A-t-il été puni ?

– Nul ne le sait, déclare la vieille **gouvernante**. Sir Simon a disparu mystérieusement neuf ans après sa femme. Mais son esprit coupable continue, semble-t-il, à hanter cette maison.

– Laissez-moi faire, annonce Washington. Avec un peu de « Détachetout », je vais faire partir cette tache tout de suite.

Washington se met aussitôt à frotter et, en quelques minutes, le sang disparaît.

À cet instant, un violent éclair illumine la pièce. Madame Umney s'évanouit.

Le lendemain matin, monsieur Otis et Washington, retournent dans la bibliothèque. Ils doivent se rendre à l'évidence : la tache est revenue.

Le jeune garçon la frotte à nouveau : elle réapparaît le jour suivant.

Monsieur Otis a beau fermer la bibliothèque à clé pour la nuit, la tache de sang revient chaque matin.

– Ce doit être le fantôme, soupire Washington.

– Oui, je commence à croire que j'ai eu tort de **nier** son existence, lui répond son père.

Une nuit, monsieur Otis est réveillé par un bruit très étrange.

– On dirait que quelqu'un marche dans le couloir en traînant quelque chose de très lourd, se dit-il, encore ensommeillé.

Il se lève, met ses pantoufles, saisit une petite bouteille et ouvre la porte.

Au beau milieu du couloir, monsieur Otis se retrouve face à face avec un homme extrêmement vieux et **squelettique**. Ses yeux rouges brillent dans le noir. De lourdes chaînes pendent à ses poignets et à ses chevilles. C'est le fantôme de Simon de Canterville !

Monsieur Otis se met à expliquer au fantôme que ce bruit l'empêche de dormir, qu'il devrait accepter le flacon qu'il lui a apporté et que cela devrait l'aider avec ses chaînes.

À ces mots, il pose la bouteille sur une table voisine et retourne se coucher.

Le fantôme est **indigné**.
De rage, il jette
la bouteille par terre.

Soudain, une porte s'ouvre. Deux petits démons apparaissent et lui lancent un oreiller à la tête.

Déprimé, le fantôme
retourne se coucher.

J'ai trois cents ans d'expérience dans la terreur. J'ai fait mourir de peur des dizaines de personnes. J'ai une brillante carrière de fantôme, et ces Américains se permettent de me jeter un oreiller à la tête et m'offrir de l'huile pour mes chaînes !
C'est insupportable ! Comment osent-ils ! Je m'en vais leur donner une bonne leçon...

La nuit suivante, bien décidé à se venger des jumeaux, le fantôme choisit de mettre son costume le plus terrifiant, celui du comte sans tête.

– Avec ça, je vais leur faire la peur de leur vie, se réjouit-il.

À minuit, il glisse sans bruit jusqu'à la chambre des jumeaux.

Leur porte est **entrebâillée**. Il la pousse le plus doucement possible et, au moment où il s'y attend le moins, reçoit un seau rempli d'eau dans le cou.

Sir Simon est trempé jusqu'à l'os !

Le lendemain, le fantôme a la grippe.
Il doit rester au lit pendant plusieurs jours.

Une fois guéri, il met au point un nouveau plan, pour effrayer durablement la famille Otis.

– Je vais d'abord m'occuper du garçon…
Il me fatigue à nettoyer ma tache tous les matins ! Dans un deuxième temps, je réglerai leur sort aux parents !

– Ensuite, poursuit-il, je ferai une toute petite frayeur à la fille, qui est la seule à être gentille avec moi. Le meilleur pour la fin, les jumeaux : ceux-là, je vais les paralyser de peur !

Peu après minuit, prêt à mettre à exécution ses plans, le fantôme se glisse dans le couloir qui mène à la chambre de Washington. Soudain, il s'immobilise net. Juste devant lui se tient un horrible **spectre** !

Ses yeux rouges brillent étrangement,
il brandit une épée menaçante.
Sir Simon n'a jamais vu de fantôme
auparavant. Terrifié, il fait demi-tour
et se réfugie aussi vite qu'il le peut
dans sa chambre.

À l'aube du jour suivant, se sentant un peu plus de courage, le fantôme décide de retourner voir le monstre.

– Il pourrait m'aider à vaincre ces maudits Américains, se dit-il. Après tout, deux fantômes valent mieux qu'un…

Prenant son courage
à deux mains, il retourne là
où il a vu le **spectre**, quand,
soudain, il s'arrête.
À la lumière du jour, le **spectre**
a complètement changé.
Ce n'est qu'une poupée,
fabriquée sans doute par
les jumeaux !

Très **abattu**,
le pauvre fantôme
retourne encore
une fois dans
sa chambre.

Le fantôme tombe alors dans une profonde **dépression** et cesse complètement ses apparitions, au point que les Otis pensent qu'il a quitté la maison.

Madame Otis organise une grande fête pour célébrer leur installation à Canterville Chase. Elle y invite les familles voisines afin de faire leur connaissance.

Les jumeaux et Washington, eux, passent leur temps à jouer au **hockey**.

Quant à Virginia, elle monte son poney du matin jusqu'au soir, accompagnée de son fidèle **admirateur**, le jeune duc de Cheshire.

Un jour, de retour d'une promenade, Virginia aperçoit le fantôme.

À sa grande surprise, il est assis sur le rebord d'une fenêtre, l'air très triste. Elle s'approche pour lui parler.

Que vous arrive-t-il, sir Simon ?
Je suis si fatigué, je voudrais pouvoir enfin trouver le repos ! S'il vous plaît, aidez-moi !

Virginia est très surprise par la demande de sir Simon. Elle voudrait bien venir en aide au vieux fantôme, mais comment ?

– Comment puis-je vous aider ? interroge la jeune fille.

– C'est très simple, mon enfant. Avez-vous lu la **prophétie** qui se trouve dans la bibliothèque ? demande le fantôme.

– Oui, répond-elle, il est écrit :

Un jour, une jeune fille
aux cheveux d'or viendra.
Pour l'âme du ***pécheur****,*
elle priera. Et le manoir
la paix retrouvera.

– Ce sont les mots exacts, **réplique** le fantôme.

Virginia réfléchit. Soudain, elle comprend et lève les yeux, très pâle.

– C'est d'accord, déclare la jeune fille, je vais prier pour vous et le repos de votre âme.

Le fantôme prend Virginia par la main. Ses doigts sont froids comme la glace.

Il la conduit devant un mur et prononce quelques mots étranges. Le mur disparaît alors comme un rideau de brume, tout en révélant une caverne obscure.

– Vite ! Vite ! s'agite le fantôme, sans cela, il sera trop tard.

Une seconde après, le mur se referme derrière eux.

C'est l'heure du thé au manoir.
Toute la famille est réunie,
mais Virginia est introuvable.

Ses parents, ses frères et le duc de Cheshire la cherchent partout depuis des heures : aucune trace de la jeune fille.

La nuit tombe sur le manoir. Monsieur Otis tente vainement de rassurer les membres de la famille. Madame Otis est inconsolable.

– Il est très tard, dit-il enfin, allons tous nous coucher. Demain, j'appellerai la police.

Les douze coups de minuit résonnent. Tout à coup, Virginia, très pâle, apparaît en haut des escaliers.

– Virginia ! s'exclame madame Otis.

– Où étais-tu ? poursuit monsieur Otis, nous étions si inquiets.

Virginia pousse une porte secrète, derrière laquelle se trouve un **cachot**. Un squelette **gît** sur le sol, attaché par une chaîne à un énorme anneau de fer. Virginia explique :

– Ce squelette est celui de sir Simon. Ses beaux-frères l'ont condamné à mourir de faim et de soif afin de venger le meurtre de leur sœur. J'ai prié pour ses péchés et Dieu lui a pardonné.

Quatre jours plus tard a lieu l'enterrement de sir Simon de Canterville. Toute la famille Otis est rassemblée ainsi que madame Umney, la vieille **gouvernante**. Lord Canterville, l'ancien **propriétaire**, est venu spécialement pour l'occasion.

À la fin de
la cérémonie,
Virginia
dépose avec
émotion une croix
faite de fleurs
sur le cercueil.

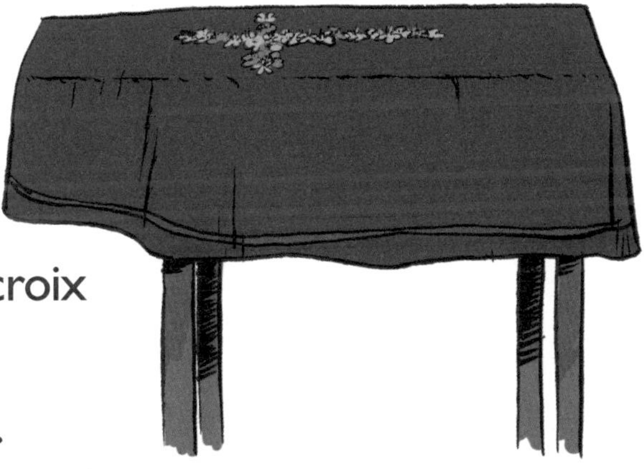

Quelques années plus tard, Virginia épouse le duc de Cheshire. Après leur voyage de **noces**, les jeunes gens retournent à Canterville Chase. Au moment d'entrer dans le manoir, Virginia a une pensée pour le vieux fantôme.

Merci, sir Simon,
vous m'avez appris ce qu'est
la Vie et ce que signifie la Mort.
Et pourquoi l'Amour est plus
fort que les deux.

Le duc embrasse sa femme avec tendresse et ils pénètrent à l'intérieur du manoir, main dans la main.

Lexique

A

abattu
triste et découragé.

admirateur
personne qui admire quelqu'un ou quelque chose.

C

cachot
pièce sombre et minuscule où l'on enferme quelqu'un.

D

dépression
état de grande tristesse et de découragement.

déprimé
qui souffre de dépression.

E

entrebâillé
à peine ouvert.

G

(il) **gît**
il est étendu, couché.

gouvernante
femme qui, dans une famille, est chargée de s'occuper des enfants.

H

hockey
sport où les joueurs s'envoient une petite balle avec une crosse.

Lexique

I

indigné
qui manifeste de la colère ou de la révolte.

N

nier
dire qu'une chose n'existe pas ou n'est pas vraie.

noce
fête que l'on donne à l'occasion d'un mariage.

P

pécheur
personne qui commet des péchés, des fautes.

prophétie
ce qui est prédit, annoncé pour l'avenir.

propriétaire
personne qui possède une chose, un animal.

R

répliquer
répondre à quelqu'un.

S

spectre
être qui serait l'âme d'un mort, fantôme.

squelettique
très maigre.

Questions de compréhension

As-tu bien compris l'histoire du fantôme de Canterville ?

[réponses page 48]

1. De quel endroit viennent les membres de la famille Otis ?

   a. ils viennent de Nouvelle-Zélande

   b. ils viennent d'Amérique

   c. ils viennent d'Australie

2. Contre quoi lord Canterville met-il en garde monsieur Otis ?

   a. il le prévient que le manoir est hanté

   b. il le prévient que madame Umney devient sourde

   c. il le prévient que les rats ont envahi le manoir

Questions de compréhension

3. Qui, parmi les Otis, cherche à faire disparaître la tache de sang en la frottant sans arrêt ?

a. Virginia
b. Washington
c. madame Otis

4. Quelle solution monsieur Otis propose-t-il à sir Simon pour arrêter de faire du bruit avec ses chaînes ?

a. il lui met des coussinets autour des chaînes
b. il lui donne la clé pour ôter ses chaînes
c. il lui donne de l'huile pour graisser ses chaînes

Questions de compréhension

5. Quel déguisement choisit le fantôme pour effrayer les jumeaux ?

a. le déguisement du comte sans tête

b. le déguisement du vampire

c. le déguisement du duc sans bras

6. Qu'est-ce qui met un terme aux apparitions du fantôme ?

a. l'entêtement de Washington à laver la tache de sang

b. une réflexion de monsieur Otis sur la météo

c. une blague des jumeaux, qui fabriquent un faux fantôme

Questions de compréhension

7. Que réclame le fantôme pour obtenir enfin le repos ?

   a. que les Otis rentrent chez eux

   b. que madame Umney lui prépare un thé bien chaud

   c. que la prophétie se réalise

8. Qui délivre finalement le fantôme de sa malédiction ?

   a. madame Otis

   b. Virginia

   c. madame Umney

Réponses

1 : b.
2 : a.
3 : b.
4 : c.
5 : a.
6 : c.
7 : c.
8 : b.

Achevé d'imprimer par Rotolito Romania S.A. en Roumanie
Dépôt légal : décembre 2020 - 327215/01
N° de projet : 11045589 - décembre 2020